L41b
2679

LE MARTYRE

DE

LOUIS XVI

ALLOCUTION DE NOTRE-SAINT-PÈRE LE PAPE PIE VI

AU CONSISTOIRE DU 17 JUIN 1793

SUR LA MORT DU ROI DE FRANCE

> « Madame, votre fils est mon roi. »
> *(Chateaubriand à la mère d'Henri V.)*

PARIS

CH. DOUNIOL ET Cie, LIBRAIRES-ÉDITEURS

29, RUE DE TOURNON

—

1872

LE
MARTYRE DE LOUIS XVI

ALLOCUTION DE NOTRE-SAINT-PÈRE LE PAPE PIE VI
AU CONSISTOIRE DU 17 JUIN 1793 SUR LA MORT DU ROI DE FRANCE

Vénérables Frères,

Comment notre voix n'est-elle point étouffée en ce moment par nos larmes et par nos sanglots ? N'est-ce pas par nos gémissements, plutôt que par nos paroles, qu'il nous convient d'exprimer cette douleur sans bornes que nous sommes obligé d'épancher devant vous, en vous rétraçant le spectacle de cruauté et de barbarie que l'on vit à Paris le 21 du mois de janvier dernier ?

Le roi très-chrétien, Louis XVI, a été condamné au dernier supplice par une conjuration impie, et ce jugement s'est exécuté. Nous vous rappellerons en peu de mots les dispositions et les motifs de cette sentence. La Convention nationale n'avait ni droit ni autorité pour la prononcer. En effet, après avoir aboli la monarchie, le meilleur des gouvernements, elle avait transporté toute la puissance publique au peuple, qui ne se conduit ni par raison, ni par conseil, ne se

---

(1) Extrait du t. IX de la continuation du Bullaire romain. Rome, imp. de la Chambre apostolique. 1845.

forme sur aucun point des idées justes, apprécie peu de choses selon la vérité, et en évalue un grand nombre d'après l'opinion ; qui est toujours inconstant, facile à être trompé, entraîné à tous les excès, ingrat, arrogant, cruel ; qui se réjouit dans le carnage et dans l'effusion du sang humain, et se plaît à contempler les angoisses qui précèdent le dernier soupir, comme les anciens allaient voir les gladiateurs expirer dans leurs amphithéâtres. La portion la plus féroce de ce peuple, peu satisfaite d'avoir dégradé la majesté de son roi, et déterminée à lui arracher la vie, voulut qu'il fût jugé par ses propres accusateurs, qui s'étaient déclarés hautement ses plus implacables ennemis. Déjà, dès l'ouverture du procès, on avait appelé tour à tour parmi les juges quelques députés plus particulièrement connus par leurs mauvaises dispositions, pour être plus sûr de faire prévaloir l'avis de la condamnation par la pluralité des opinants. On ne put pas néanmoins en augmenter assez le nombre pour obtenir que le roi fût immolé en vertu d'une majorité légale (2). A quoi ne devait-on pas s'attendre, et quel jugement exécrable à tous les siècles ne pouvait-on pas pressentir, en voyant le concours de tant de juges pervers et de tant de manœuvres employées pour capter les suffrages ? Toutefois, plusieurs ayant reculé d'horreur au moment de consommer un si grand forfait, on imagina de revenir aux opinions, et les conjurés, ayant voté de nouveau, prononcèrent que la condamnation était légitimement décrétée. Nous passons ici sous silence une foule d'autres injustices, de nullités et d'invalidités que l'on peut lire dans les courts plaidoyers des avocats et dans les papiers publics. Nous ne relèverons pas non plus tout ce que le roi fut contraint d'endurer avant d'être conduit au supplice : sa longue détention dans diverses prisons, d'où il ne sortait jamais que pour être traduit à la barre de la Convention, l'as-

(1) Le nombre des membres légalement appelés à voter était de 730 ; il fallait donc 369 voix pour avoir une seule voix de majorité. Il n'y eut que 365 régicides.

sassinat de son confesseur, sa séparation de la famille royale, qu'il aimait si tendrement, enfin cet amas de tribulations accumulées sur lui pour multiplier ses humiliations et ses souffrances. Il est impossible de n'en être pas pénétré d'horreur, quand on n'a point abjuré tout sentiment d'humanité. L'indignation redouble encore, quand on considère que le caractère unanimement reconnu de ce prince était naturellement doux et bienfaisant; que sa clémence, sa patience, son amour pour ses peuples furent toujours inaltérables; qu'incapable d'aucune dureté, d'aucune rigueur, il se montra constamment d'un commerce facile et indulgent à tout le monde, et que cet excellent naturel lui inspira la confiance d'acquiescer au vœu public et de convoquer les Etats-Généraux du royaume, malgré tous les dangers qui en pouvaient résulter pour son autorité et sa personne. Mais ce que nous ne saurions surtout passer sous silence, c'est l'opinion universelle qu'il a donnée de ses vertus par son testament, écrit de sa main, émané du fond de son âme, imprimé et répandu dans toute l'Europe. Quelle haute idée on y conçoit de sa vertu! quel zèle pour la religion catholique! quels caractères d'une piété véritable envers Dieu! quelle douleur, quel repentir d'avoir mis son nom malgré lui à des décrets si contraires à la discipline et à la foi orthodoxe de l'Eglise! Prêt à succomber sous le poids de tant d'adversités qui s'aggravaient de jour en jour sur sa tête, il pouvait dire, comme Jacques Ier, roi d'Angleterre, qu'on le calomniait dans les assemblées du peuple, non pour avoir commis aucun crime, mais parce qu'il était roi, ce que l'on regardait comme le plus grand de tous les crimes.

Mais oublions Louis un instant pour tirer de l'histoire un exemple parfaitement analogue à notre sujet, et appuyé sur les témoignages lumineux des écrivains les plus véridiques. Marie Stuart, reine d'Ecosse, fille de Jacques V, roi d'Ecosse, et veuve de François II, roi de France, prit le titre et s'attribua tous les honneurs du roi de la Grande-Bretagne, que les Anglais avaient déjà déférés à Elisabeth. Une foule d'historiens racontent les tourments que lui firent endurer les ruses et les violences de sa rivale et des factieux calvinistes. Souvent, durant le cours de sa longue captivité, elle avait refusé de répondre à l'interrogatoire des juges, disant qu'une reine ne doit compte de sa conduite qu'à Dieu seul. Fatiguée enfin de tant et de si diverses vexations, elle répondit, se lava de tous les crimes qu'on lui imputait et démontra son innocence. Les juges n'en consommèrent pas moins l'œuvre d'iniquité qu'ils avaient commencée; ils rendirent contre elle une sentence de mort, comme si elle eût été coupable et convaincue, et l'on vit alors cette tête royale tomber sur un échafaud.

Benoît XIV, au troisième livre de son *Traité de la béatification des serviteurs de Dieu*, ch. XIII, n° 10, raisonne ainsi sur cet événement : « Si la cause du martyre de cette reine était introduite, ce qui n'a pas encore eu lieu, on pourrait d'abord raisonner facilement contre le fait du martyre en s'appuyant sur la sentence même et sur les calomnies impies que les hérétiques n'ont cessé de vomir contre cette reine, principalement Georges Buchanan, dans son infâme libelle intitulé : *Marie démasquée*. Mais si on étudie la véritable cause de sa mort, qu'on doit imputer à la haine de la religion catholique; si on observe l'héroïsme admirable avec lequel Marie sut mourir; si on examine, ainsi qu'on le doit, les déclarations qu'elle fit avant sa mort et qu'elle réitéra au moment de son supplice, protestant qu'elle avait toujours vécu dans la foi catholique, et qu'elle versait volontiers son sang pour cette religion; enfin, si on n'écarte point, comme on ne saurait le faire avec justice, les raisons très-évidentes qui non-seulement démontrent la fausseté des crimes qu'on imputait à la reine Marie, mais prouvent invinciblement que cette injuste sentence de mort n'était appuyée que sur des calomnies, qu'elle fut véritablement portée en haine de la religion catholique et pour affermir immuablement l'hérésie en Angleterre, peut-être trouvera-t-on alors qu'il ne manque à cette cause aucune des conditions nécessaires pour constater un vrai martyre. »

Nous le savons de saint Augustin, ce n'est point le supplice, mais la cause du supplice qui constitue le véritable martyre. Aussi, Benoît XIV, après avoir ainsi montré les caractères qui distinguent le martyre de Marie Stuart, examine s'il suffit, pour admettre un martyr, qu'un tyran soit déterminé à faire mourir un chrétien en haine de la religion de Jésus-Christ, quoiqu'il allègue pour infliger la peine de mort quelque prétexte étranger à la foi, ou du moins n'ayant avec elle que des rapports accidentels ; Benoît XIV se décide pour l'affirmative, par la raison qu'un acte ne tire pas son véritable caractère de l'occasion ou de la cause impulsive qui l'excite, mais de la cause finale qui la produit : il suffit donc, pour caractériser un véritable martyr, qu'un persécuteur prononce une sentence de mort en haine de la foi, bien que l'occasion de la mort ait été déterminée par un autre motif qui, à cause des circonstances, n'intéresse point la religion.

Revenons maintenant au roi Louis XVI. Si l'autorité de Benoît XIV est grave en cette matière, s'il faut avoir de très-grands égards pour son opinion lorsqu'il se montre porté à admettre le martyre de Marie Stuart, pourquoi ne penserions-nous pas comme lui et n'appliquerions-nous pas sa doctrine au martyre du roi Louis ? Il y a ici, en effet, le même attachement à la religion, le même projet, la même fin désastreuse. Il doit donc y avoir aussi égalité de mérite. Eh ! qui pourra jamais douter que ce monarque n'ait été principalement immolé en haine de la foi et par un esprit de fureur contre les dogmes catholiques ? Depuis longtemps déjà les calvinistes avaient commencé à conjurer en France la ruine de la religion catholique. Mais, pour y parvenir, il fallait préparer les esprits et abreuver les peuples de ces principes impies que les novateurs n'ont ensuite cessé de répandre dans des livres qui ne respiraient que perfidie et sédition. C'est dans cette vue qu'ils se liguèrent avec des philosophes pervers. L'Assemblée générale du clergé de France, de 1745, avait découvert et dénoncé les abominables complots de tous ces artisans d'impiété. Et nous-même, dès le commencement de notre Ponti-

ficat, prévoyant les exécrables manœuvres d'un parti si per-
fide, nous annonçâmes le péril imminent qui menaçait l'Europe, dans notre Lettre encyclique (1) adressée à tous les évêques de l'Eglise catholique, auxquels nous parlions en ces
termes: *Arrachez le mal du milieu de vous, c'est-à-dire éloignez
de la vue de vos troupeaux, avec une grande force et une conti-
nuelle vigilance, tous ces livres empestés.* Si l'on eût écouté
nos représentations et nos avis, nous n'aurions pas à gémir
maintenant des progrès de cette vaste conspiration tramée
contre les rois et contre les empires. Ces hommes dépravés,
remarquant bientôt qu'ils avançaient rapidement dans leurs
projets, reconnurent que le moment d'accomplir leurs des-
seins était enfin arrivé; ils commencèrent à professer hautement, dans un livre imprimé en 1787, cette maxime d'Hugues
Rosaire ou bien de l'auteur qui a pris ce nom, que c'était une
action louable d'assassiner un souverain qui refusait d'em-
brasser la Réforme ou de se charger de défendre les intérêts
des protestants en faveur de leur religion. Cette doctrine ayant
été publiée peu de temps avant que Louis fût tombé dans le
déplorable état auquel il a été réduit, tout le monde a pu voir
clairement alors quelle était la source première de ses malheurs.
Il doit donc passer pour constant qu'ils sont tous venus des
mauvais livres qui paraissaient en France, et qu'il faut les
regarder comme les fruits naturels de cet arbre empoisonné.

Aussi a-t-on publié, dans la vie imprimée de l'impie Voltaire, que le genre humain lui devait d'éternelles actions de
grâces, comme le premier auteur de la Révolution française.
C'est lui, dit-on, qui, en excitant le peuple à sentir et à em-
ployer ses forces, a fait tomber la première barrière du des-
potisme, le pouvoir religieux et sacerdotal. Si l'on n'eût pas
brisé ce joug, on n'aurait jamais brisé, ajoute-on, celui des
tyrans. L'un et l'autre étaient si étroitement unis, que le premier une fois secoué, le second devait l'être bientôt après.
En célébrant comme le triomphe de Voltaire la chute de

(1) Publiée le 25 décembre 1775.

l'autel et du trône, on exalte la renommée et la gloire de tous
les écrivains impies, qui apparaissent comme autant de géné-
raux d'une armée victorieuse. Après avoir ainsi entraîné, par
toutes sortes d'artifices, une très-grande portion du peuple
dans leur parti, pour mieux l'attirer encore par leurs œuvres
et par leurs promesses, ou plutôt pour en faire leurs jouets
dans toutes les provinces de la France, les factieux se sont
servis du mot spécieux de *Liberté*; ils ont arboré les trophées
et ils ont invité de tous côtés la multitude à se réunir sous
ses drapeaux. C'est bien là véritablement cette liberté philo-
sophique qui tend à corrompre les esprits, dépraver les
mœurs, renverser toutes les lois et toutes les institutions
reçues. De là vient que l'Assemblée du clergé de France
témoigna tant d'horreur pour une pareille liberté, quand elle
commençait à se glisser dans l'esprit du peuple par les maxi-
mes les plus fallacieuses. Ce fut encore par le même motif que
nous crûmes devoir la dénoncer nous-même et la caractériser
en ces termes dans notre susdite Lettre encyclique : « Ces
philosophes effrénés entreprennent de briser tous les liens
qui unissent tous les hommes entre eux, qui les attachent au
souverain et les contiennent dans le devoir. Ils disent et répè-
tent à satiété que l'homme naît libre, et qu'il n'est soumis
à l'autorité de personne. En conséquence, ils représentent la
société comme un amas d'idiots dont la stupidité se prosterne
devant les prêtres, qui les trompent, et devant les rois, qui
les oppriment; de sorte que l'accord entre le sacerdoce et
l'empire n'est autre chose qu'une barbare conjuration contre
la liberté naturelle de l'homme. »

Ces avocats tant vantés du genre humain ont ajouté au mot
faux et trompeur de *liberté* un autre mot qui ne l'est pas
moins, celui d'*égalité*; comme si entre des hommes réunis
en société et pourvus de facultés intellectuelles si différentes,
ayant des goûts si opposés et une activité si déréglée, si dé-
pendante de leur convoitise individuelle, il ne devait y avoir
personne qui réunît la force et l'autorité nécessaires pour
contraindre, réprimer, ramener au devoir ceux qui s'en écar-

tent, afin que la société, bouleversée par tant de passions diverses et désordonnées, ne soit pas précipitée dans l'anarchie et ne tombe pas entièrement en dissolution. C'est ainsi que l'harmonie se compose de l'accord parfait de plusieurs sons ; si elle ne se soutient point par cette fidèle correspondance des voix et des instruments, elle dégénère en bruits discordants et n'est plus qu'une barbare dissonance. Après s'être établis, selon les expressions de saint Hilaire de Poitiers, *réformateurs des pouvoirs publics et arbitres de la religion, tandis que le principal objet de la religion est, au contraire, de propager partout un esprit de soumission et d'obéissance*, ces novateurs ont entrepris de donner une constitution à l'Eglise elle-même par de nouveaux décrets inouis jusqu'à nos jours. C'est de ce laboratoire qu'est sortie cette constitution sacrilége que nous avons réfutée dans notre réponse du 10 mars 1791, en réponse à l'exposition de principes qui nous avait été soumise par trente Evêques. C'est ici le lieu d'appliquer ces paroles de saint Cyprien : *D'où vient que les chrétiens sont jugés par les hérétiques, les hommes sains par les malades, ceux qui sont intacts par ceux qui ont reçu des blessures, ceux qui sont debout par ceux qui sont tombés, les juges par des coupables, les prêtres par des sacriléges? Que reste-t-il donc à faire de plus que de soumettre l'Eglise au Capitole?* Tous les Français qui se montraient encore fidèles dans les différents ordres de l'Etat, et qui refusaient avec fermeté de se lier par un serment à cette nouvelle Constitution, étaient aussitôt accablés de revers et voués à la mort. On s'est hâté de les massacrer sans distinction. On a fait subir les plus barbares traitements à un grand nombre d'ecclésiastiques. On a égorgé des Evêques, et si on veut savoir avec quelle piété, avec quel respect on doit les vénérer, on peut l'apprendre par l'exemple de Jésus-Christ même, qui, selon la remarque de saint Cyprien, *honora constamment, jusqu'au jour de sa mort, les Pontifes et les prêtres, quoiqu'ils n'eussent pas conservé la crainte de Dieu et qu'ils n'eussent pas reconnu le Messie.* On a immolé un grand nombre de Français de toute condition. Ceux qu'on persécutait avec moins de rigueur étaient arrachés de leurs foyers et relégués dans des pays étrangers, sans distinction d'âge, de sexe, ni de rang. On avait décrété que chacun serait libre d'exercer la religion qu'il choisirait, comme si toutes les religions conduisaient également au salut éternel; et cependant la seule religion catholique était proscrite. Seule elle voyait couler le sang de ses disciples dans les places publiques, sur les grands chemins et dans leurs propres maisons. On eût dit qu'elle était devenue en eux un crime capital. Ils ne pouvaient trouver aucune sûreté dans les Etats voisins où ils étaient allés chercher un asile, et on les y vexait cruellement quand on parvenait à s'en emparer par des invasions, ou à les ramener en France à force de ruses et de perfidies. Tel est le caractère constant des hérésies. Tel a toujours été, dès les premiers siècles de l'Eglise, l'esprit des hérétiques, spécialement développé de notre temps par les manœuvres tyranniques des calvinistes, qui ont cherché persévéramment à multiplier leurs prosélytes par toutes sortes de menaces et de violences.

D'après cette suite non interrompue d'impiétés qui ont pris leur origine en France, quel homme douterait encore qu'il faille imputer à la haine de la religion les premières trames de ces complots qui troublent et ébranlent aujourd'hui l'Europe entière (1)? Personne ne peut nier que la même cause n'ait amené la mort funeste de Louis XVI. On a essayé, il est vrai, de charger ce prince de plusieurs délits d'un ordre purement politique. Mais le principal reproche qu'on ait élevé contre lui, c'est l'inaltérable fermeté avec laquelle il refusa d'approuver et de sanctionner le décret de déportation des prêtres, et la lettre qu'il écrivit à l'Evêque de Clermont pour lui annoncer qu'il était bien résolu de rétablir en France, dès qu'il le pourrait, le culte catholique. Tout cela ne suffit-il pas pour autoriser à croire et à soutenir sans témérité que Louis

____

(1) Voyez dans Jebb, p. 179, où il est dit que telle fut la conduite d'Elisabeth, qui excita elle-même les troubles et les révoltes.

fut un martyr? La sentence de mort de Marie Stuart était également appuyée sur le prétendu crime de manœuvres et de conjuration contre l'Etat; le nom de la religion s'y trouvait à peine entremêlé. Néanmoins Benoît XIV, sans s'arrêter aux impostures mentionnées dans le jugement, pensa que la haine de la religion avait été le motif véritable et incomparablement le plus décisif de sa condamnation, et il conclut en conséquence que cette mort présentait une cause de martyre.

Mais, d'après ce que nous avons entendu, on opposera peut-être ici comme un obstacle péremptoire au martyre de Louis l'approbation qu'il a donnée à la Constitution que nous avons déjà réfutée dans notre susdite réponse aux Évêques de France. Plusieurs personnes nient le fait et affirment que lorsqu'on présenta cette Constitution à la signature du roi, il hésita, recueilli dans ses pensées, et refusa son seing, de peur que l'apposition de son nom ne produisît tous les effets d'une approbation formelle. Un de ses ministres, que l'on nomme et en qui le roi avait alors une grande confiance, lui représenta què sa signature ne prouverait autre chose que l'exacte conformité de la copie avec l'original, de manière que nous, à qui cette Constitution allait être immédiatemect adressée, nous ne pourrions, sous aucun prétexte, élever le moindre soupçon sur son authenticité. Il paraît que ce fut cette simple observation qui le détermina aussitôt à donner sa signature. C'est aussi ce qu'il insinue lui-même dans son testament, quand il dit que son seing lui fut arraché contre son propre vœu. Et en effet il n'aurait plus été conséquent, il se serait mis en contradiction avec lui-même si, après avoir approuvé volontairement la Constitution du clergé de France, il l'eût rejetée ensuite avec la plus inébranlable fermeté, comme il le fit lorsqu'il refusa de sanctionner le décret de déportation des prêtres non assermentés, et lorsqu'il écrivit à l'évêque de Clermont, qu'il était déterminé à rétablir en France le culte catholique. Quoi qu'il en soit de ce fait, dont nous ne prenons pas sur nous la responsabilité, quand même nous avouerions que Louis, séduit par défaut de réflexion ou par erreur, ap-

prouva réellement la Constitution au moment où il la sous-
crivit, devrions-nous pour cela changer de sentiment au sujet
de son martyre? Non, sans doute. Si nous avions un pareil
dessein, nous en serions détourné par sa rétractation subsé-
quente, aussi certaine que solennelle, et par sa mort même,
qui fut votée, comme nous l'avons établi ci-dessus, en haine
de la religion catholique; de sorte qu'il paraît difficile que l'on
puisse rien lui contester de la gloire de son martyre. Saint
Cyprien avait adopté d'abord sur le baptême des hérétiques
des principes fort opposés à la vérité; cependant, selon les
propres paroles de saint Augustin, qui les a répétées dans
plusieurs endroits de ses écrits, Dieu lui-même a séparé par
le fer d'un glorieux martyre tout ce qui avait besoin d'être re-
tranché de ce rameau couvert de fruits.

Il en fut de même lorsqu'on mit en délibération, dans la
Congrégation des Rites, si l'on pouvait opposer au martyre de
Jean de Britto, de la Compagnie de Jésus, l'usage qu'il avait
continué de faire des rites chinois après qu'ils eurent été
proscrits : les votants n'hésitèrent pas à répondre négative-
ment. Ils déclarèrent que cette considération n'y mettait aucun obstacle, parce qu'en se dévouant au martyre il avait suf-
fisamment rétracté, par l'effusion de son sang, son adhésion
aux rites chinois. Ils furent partagés sur la question de savoir
s'il convenait de publier un décret favorable, attendu qu'on
pourrait s'en prévaloir dans la suite pour prétendre que ce décret avait révoqué tacitement la condamnation antérieur de
ces cérémonies. Benoît XIV leva toute difficulté en déclarant
qu'on ne pourrait jamais déduire du décret à intervenir, que
l'intention du Saint-Siége eut été de s'éloigner des constitu-
tions de ses prédécesseurs qui avaient proscrit la liturgie chi-
noise. Il admit en même temps la rétractation que le vénéra-
ble Jean de Britto avait souscrite, non avec sa plume, mais de
son propre sang. Il décida ainsi que l'obstacle qu'on opposait
à la cause n'empêcherait point d'en continuer l'instruction,
de procéder tout de suite à l'examen de la question sur le martyre et sur la cause du martyre, ainsi qu'à la discussion des

miracles qu'on disait avoir été opérés par son intercession. Le décret qu'il rendit fut publié le 2 juillet 1741. Appuyé sur cette décision, et sachant que la rétractation de Louis XVI, écrite de sa propre main et constaté encore par l'effusion d'un sang si pur, est certaine et incontestable, nous croyons rester fidèle au principe de Benoît XIV, non pas, il est vrai, en prononçant en ce moment un décret pareil à celui que nous venons de citer, mais en persistant, dans l'opinion que nous nous sommes formée du martyre de ce prince, nonobstant toute approbation qu'il aurait donnée à la Constitution civile du clergé, quelle qu'elle ait été.

Ah! France! ah! France! toi que nos prédécesseurs appelaient *le miroir de la chrétienté et l'inébranlable appui de la foi; toi qui, par ton zèle pour la croyance chrétienne et par ta piété filiale envers le Siége apostolique, ne marches pas à la suite des autres nations, mais les précèdes toutes,* combien tu nous es contraire aujourd'hui! De quel esprit d'hostilité tu parais animée contre la véritable religion! Combien la fureur que tu lui témoignes surpasse déjà les excès de tous ceux qui se sont montrés jusqu'à présent ses plus implacables persécuteurs! Et cependant tu ne peux pas l'ignorer, quand même tu le voudrais, la religion est la gardienne la plus sûre et le plus solide fondement des empires, puisqu'elle réprime également et les abus d'autorité dans les princes qui gouvernent, et les écarts de la licence dans les sujets qui obéissent. Eh! c'est pour cela que les factieux adversaires des prérogatives royales cherchent à les anéantir, en s'efforçant d'amener d'abord le renoncement à la foi catholique.

Ah! encore une fois, France! tu demandais toi-même auparavant un roi catholique. Tu disais que les lois fondamentales du royaume ne permettaient point de reconnaître un roi qui ne fût pas catholique. Et maintenant que tu l'avais, ce roi catholique, c'est précisément parce qu'il était catholique que tu viens de l'assassiner!

Ta rage contre ce monarque s'est montrée si grande que son supplice même n'a pu ni l'assouvir ni l'apaiser. Lui mort,

tu as voulu la signaler encore sur ses tristes dépouilles, en or-
donnant que son cadavre fut transporté et inhumé sans aucun appareil de sépulture honorable.

. . . .

O jour de triomphe pour Louis XVI, à qui Dieu a donné et
la patience dans les tribulations et la victoire au milieu de
son supplice! Nous avons la confiance qu'il a heureusement
échangé une couronne royale toujours fragile et des lis qui
bientôt se seraient flétris, contre cet autre diadème impéris-
sable que les anges ont tissu de lis immortels.

Saint Bernard, dans ses lettres au pape Eugène, son dis-
ciple, nous apprend ce qu'exige de nous dans ces circonstances notre ministère apostolique, lorsqu'il l'exhorte à
multiplier ses soins, *afin que les incrédules se convertissent à
la foi, que ceux qui sont convertis ne s'égarent plus, et que
ceux qui se sont égarés rentrent dans le droit chemin.* Nous
avons aussi pour modèle la conduite de Clément VI, notre
prédécesseur, qui ne cessa de poursuivre la punition de l'as-
sassinat d'André, roi de Sicile, en infligeant les peines les
plus fortes à ses meurtriers et à leurs complices, comme on
peut le voir dans ses Lettres apostoliques. Mais que pouvons-
nous tenter, que pouvons-nous attendre, quand il s'agit d'un
peuple qui non-seulement n'a eu aucun égard pour nos représentations, mais qui s'est encore permis envers nous les
offenses, les usurpations, les outrages et les calomnies les
plus révoltantes, et qui est enfin parvenu à cet excès d'audace
et de délire de composer sous notre nom des Lettres suppo-
sées et parfaitement assorties à toutes les nouvelles erreurs?
Laissons-le donc s'endurcir dans sa déplorable dépravation,
puisqu'elle a pour lui tant d'attraits; et espérons que le sang
innocent de Louis crie en quelque sorte et intercède pour que
la France reconnaisse et déteste son obstination à accumuler
sur elle tant de crimes, et qu'elle se souvienne des châtiments
effroyables qu'un Dieu juste, vengeur des forfaits, a souvent
infligés à des peuples qui avaient commis des attentats beau-
coup moins énormes.

Telles sont les réflexions que nous avons jugées les plus propres à vous offrir quelque consolation dans un si horrible désastre. C'est pourquoi, pour achever ce qui nous reste à dire, nous vous invitons au service solennel que nous célébrerons avec vous pour le repos de l'âme du roi Louis XVI. Quoique ces prières funèbres puissent paraître superflues quand il s'agit d'un chrétien qu'on croit avoir mérité la palme du martyr, car saint Augustin dit que l'Eglise loin de prier pour les martyrs se recommande à leurs prières : cependant cette sentence du saint Docteur doit s'entendre et s'interpréter, non de celui qui est simplement réputé martyr par une persuasion purement humaine, mais de celui qui est formellement reconnu tel par un jugement du Saint-Siége apostolique. En conséquence vénérables frères, on vous indiquera, par notre ordre, le jour où nous procéderons ensemble, selon l'usage, dans notre chapelle pontificale, aux obsèques publiques de Sa Majesté Très-Chrétienne Lou's XVI, roi de France.

PARIS — IMP. VICTOR GOUPY, 5, RUE GARANCIERE.

BIBLIOTHEQUE NATIONALE DE FRANCE

3 7531 03963381 4

www.ingramcontent.com/pod-product-compliance
Lightning Source LLC
Chambersburg PA
CBHW051245070726
47594CB00013B/3194

VIE

D'UNE FILLE CENTENAIRE

DU DIX-NEUVIÈME SIÈCLE.

Ln 27 11248